Daria Lopatnychenko/@deutsch_mit_dasha

Sprechen B1: Beispieltexte für Goethe-Zertifikat B1

Ich bedanke mich bei meinen lieben Studenten, die mich inspirieren und unterstützen.

D1410199

In diesem Buch kannst du Themen für deine Goethe-Zertifikat B1 Prüfung finden.

Hier gibt es Beispieltexte, die dir helfen könnten, Ideen zu sammeln und die Struktur vom Modul „Sprechen" zu üben.

In jedem Text wurden mehrere Gedanken gesammelt, damit jeder für sich etwas findet. In der Prüfung kannst du ein ähnliches Thema bekommen und unser Buch wird dir helfen, sich besser zu orientieren.

Wie wir schon erwähnt haben, ist es gar nicht notwendig, so viel zu erzählen. Es ist wichtig, dass du verstehst, wie es aussehen muss. Wir hoffen, dass unsere Ideen dir unbedingt helfen werden.

Viel Spaß und Erfolg beim Lernen,

Daria und Kateryna

Inhalt

3

Zuerst haben wir für dich die beliebtesten Redemittel gesammelt, die für eine Präsentation gebraucht werden.

Begrüßung	Sehr geehrte Damen und Herren, Ich begrüße Sie (herzlich) zu meiner Präsentation.
Nennen des Themas	In meiner heutigen Präsentation möchte ich Ihnen das Thema „..." vorstellen. Mein heutiges Thema ist „..." Ich möchte Ihnen das Thema „..." präsentieren.
Gliederung der Präsentation	Zuerst möchte ich Ihnen über meine persönlichen Erfahrungen erzählen. Danach berichte ich Ihnen von der Situation in meinem Heimatland. Dann möchte ich Ihnen die Vor – und Nachteile nennen. Abschließend / zuletzt / am Ende möchte ich meine Meinung zu diesem Thema äußern.
Vor- und Nachteile nennen	Ich finde es wichtig, dass... Zu den Vorteilen gehört... Als positiv / negativ sieht man an, dass... Günstig / positiv ist, dass... Einerseits..., andererseits... Auf der einen Seite..., auf der anderen Seite... Im Gegensatz zu ...
Meinung äußern	Meiner Auffassung / Meinung / Ansicht nach ...

4

	Ich glaube / denke / finde, dass... Ich bin davon überzeugt, dass... Ich bin der festen Überzeugung, dass ...
Zusammenfassung	Zusammenfassend möchte ich sagen, dass... Ich möchte nun kurz zusammenfassen... Schließlich / zusammenfassend / zum Schluss / am Ende möchte ich sagen, dass...
Dank	... und ich möchte mich natürlich ganz herzlich für Ihre Aufmerksamkeit bedanken. Vielen Dank für Ihre Aufmerksamkeit. Vielen Dank fürs Zuhören. Vielen Dank.

„Das Leben in der Stadt oder auf dem Lande"
(Wo würden Sie gern leben?)

Sehr geehrte Damen und Herren,

ich begrüße Sie zu meiner Präsentation.

Mein heutiges Thema ist „Das Leben in der Stadt oder auf dem Lande".

In meiner Präsentation möchte ich Ihnen über meine persönlichen Erfahrungen erzählen, von der Situation in meinem Heimatland berichten, Vor- und Nachteile nennen und meine Meinung zu diesem Thema äußern.

Zuerst möchte ich Ihnen von meinen persönlichen Erfahrungen berichten.

Ich wohne in einer kleinen Stadt und bin am Stadtrand aufgewachsen. Ich finde es toll, dass ich die Möglichkeit hatte, in einem Privathaus zu wohnen. Nicht weit von unserem Haus gibt es einen Fluss und, als ich Kind war, habe ich dort viel Zeit verbracht. Es war spannend, den ganzen Tag mit anderen Kindern am Fluss zu spielen und unsere Freizeit aktiv zu verbringen. Außerdem hat man fast immer Haustiere, was in einer Wohnung nicht immer möglich ist. Wir hatten einen Hund und eine Katze, die unsere Familienmitglieder waren.

Wenn ich daran denke, wie die Situation in meinem Heimatland ist, kann ich sagen, dass es heutzutage nicht so viele Menschen gibt, die in kleinen Städten oder auf dem Lande wohnen wollen. Die meisten Jugendlichen bevorzugen in Großstädte umzuziehen und dafür gibt es verschiedene Gründe, deshalb möchte ich als nächstes über Vor- und Nachteile sprechen.

Ich finde es positiv, dass es in einer Stadt mehr Unterhaltungs- und Einkaufsmöglichkeiten gibt. Rund um die Uhr kann man sich mit etwas beschäftigen. Meiner Meinung nach ist das besonders wichtig für junge Menschen. Die Möglichkeit eine Arbeitsstelle zu finden gehört auch zu den wichtigsten Vorteilen. In der Stadt gibt es mehr Chancen, einen guten Job zu bekommen. Aber das Leben in der Stadt kann natürlich Nachteile haben. Zu viel Verkehr, Lärm und Schmutz finde ich am schlechtesten. Es gibt normalerweise zu viele Autos, deshalb ist die Luft in der Stadt verschmutzt. Es ist schädlich für die Natur und unsere Gesundheit. Dazu kann man auch hohe Miete zählen. Am Stadtrand ist es natürlich billiger, eine Wohnung zu mieten, aber dann braucht man viel Zeit, um zur Arbeit zu fahren. Staus sind auch zeitraubend. Einige Menschen können stundenlang in einem Stau stehen.

Im Gegensatz zu der Stadt ist es auf dem Lande ruhig und frisch, weil es dort wenig Verkehr gibt. Wenn man ein ruhiges Leben vorzieht, sollte man das Leben auf dem Lande auswählen. Privathäuser mit Gärten und Höfen geben Kindern die Möglichkeit, gefahrlos zu spielen. Einerseits gibt es viel Positives, aber andererseits kann man auch mehrere Nachteile nennen. Auf dem Lande gibt es wenige Karrieremöglichkeiten, deshalb suchen viele Menschen nach einer Arbeitsstelle in der Stadt. Das bedeutet, dass sie viel Zeit für den Weg zur Arbeit brauchen. Gewöhnlich gibt es wenige Einkaufs- und Unterhaltungsmöglichkeiten, deshalb fahren viele Menschen in die Stadt, um dort etwas zu kaufen und sich zu unterhalten.

Im Allgemeinen bin ich überzeugt, dass es schwierig ist, zu sagen, ob das Leben in der Stadt oder auf dem Lande besser ist. Ich glaube, dass es von jeder Person abhängt. Was mich betrifft, würde ich das Leben in einer kleinen Stadt auswählen. Es gibt hier nicht so viele Möglichkeiten wie in einer Großstadt, aber definitiv mehr als auf dem Lande. „Über Geschmack lässt sich nicht streiten", deshalb muss man sich selbst entscheiden, wo man wohnen will.

Vielen Dank für Ihre Aufmerksamkeit. Wenn Sie Fragen hätten, würde ich diese gerne beantworten.

„Gesunde Ernährung"
(Ist es notwendig, sich gesund zu ernähren?)

Sehr geehrte Damen und Herren,

ich begrüße Sie ganz herzlich zu meiner Präsentation.

Ich möchte Ihnen das Thema „Gesunde Ernährung" präsentieren.

Es geht um meine persönlichen Erfahrungen und die Situation in meinem Heimatland. Danach würde ich Ihnen gern von Vor- und Nachteilen der gesunden Ernährung berichten und meine persönliche Meinung zu diesem Thema äußern.

Was mich persönlich betrifft, bemühe ich mich, sich gesund zu ernähren. Es ist mir besonders wichtig, täglich genug Obst und Gemüse zu essen. Außerdem trinke ich jeden Tag mindestens 1,5 Liter Wasser. Das hilft mir fit zu bleiben und mich wohl zu fühlen.

In meinem Heimatland wird die gesunde Ernährung immer beliebter. Es ist heutzutage beliebt, sich gesund zu halten, weil die gesunde Lebensweise viele Vorteile hat.

8

Man sagt: „Dem Geist geht es besser, wenn der Körper gesund ist". Damit bin ich total einverstanden. Der wichtigste Vorteil ist, dass die gesunde Ernährung uns mit Vitaminen versorgt, die unser Körper braucht, um gut zu funktionieren. Das bedeutet, dass unser Organismus stark genug ist, den Krankheiten zu widerstehen. Es gibt viele Menschen, die an Verfettung leiden. Daraus entstehen mehrere Probleme mit der Gesundheit. Wenn man sich gesund ernährt, gibt es kein Übergewicht. Man sieht gut aus und fühlt sich wohl.

Ehrlich gesagt ist es schwierig, Nachteile zu finden. Aber wenn ich kurz darüber nachdenke, fällt mir etwas ein. Es ist ziemlich teuer, sich gesund zu ernähren. Die Lebensmittel, die von hoher Qualität sind, kosten viel Geld. Ich finde es schrecklich, dass nicht jeder sich leisten kann, sich gesund zu ernähren. Es kann auch schwierig sein, weil gesunde Ernährung nicht nur viel Geld, sondern auch viel Zeit braucht. Alle wissen, dass es gesund ist, etwas zu backen und zu dämpfen. Das dauert Zeit und in der heutigen Welt sind alle sehr beschäftigt und nicht jeder hat die Möglichkeit, viel Zeit dem Kochen zu widmen.

Ich bin davon überzeugt, dass jeder Mensch, sich um seine Gesundheit kümmern muss, weil unsere Gesundheit am wichtigsten ist. Ich glaube, dass es toll wäre, wenn Kinder schon in der Schule lernen, was gesunde Ernährung bedeutet.

Vielen Dank für Ihre Aufmerksamkeit. Wenn Sie Fragen hätten, würde ich diese gerne beantworten.

„Haustiere: ja oder nein"
(Soll man ein Haustier haben?)

Sehr geehrte Damen und Herren,

ich begrüße Sie zu meiner heutigen Präsentation. Ich möchte Ihnen das Thema „Haustiere: ja oder nein" präsentieren.

In meiner Präsentation berichte ich Ihnen von meinen persönlichen Erfahrungen, dann erzähle ich Ihnen über die Situation in meinem Heimatland und nenne einige Vor- und Nachteile. Am Ende möchte ich Ihnen meine Meinung zu diesem Thema äußern.

Zuerst würde ich Ihnen über meine persönlichen Erfahrungen erzählen. Was mich betrifft, habe ich leider kein Haustier. Ich wohne in einer Wohnung und ich glaube, dass es nicht die beste Idee ist, ein Haustier zu kriegen. Als ich klein war, habe ich im Privathaus gewohnt. Wir hatten einen Kater und einen Hund. Daran erinnere ich mich gern. Wenn ich in einem Privathaus jetzt wohnen würde, würde ich auch einen Hund oder eine Katze haben.

In meinem Heimatland sind die Haustiere sehr beliebt. Vor kurzem habe ich einem Artikel gelesen, dass über 60% Einwohner ein Haustier haben. Die populärsten Haustiere sind Katzen und Hunde. Außerdem sind Fische, Vögel und Nagetiere auch sehr beliebt.

Ich glaube, dass es immer Vor- und Nachteile gibt. Als positiv finde ich, dass Haustiere positive Wirkung auf Menschen haben. Sie beeinflussen das Wohlbefinden der Menschen und erhöhen die emotionale Intelligenz. Sehr oft sagt man, dass ein Hund oder eine Katze der beste Freund für einen Menschen ist. Es ist ein tolles Gefühl nach Hause zu gehen und zu wissen, dass jemand auf dich da wartet. Ich bin der festen Überzeugung, dass es besser wäre, wenn jedes Kind ein Haustier hätte. Die Kinder lernen, wie man sich um jemanden kümmert. Es ist nicht genug, einfach einen Hund zu kaufen. Man muss ihn füttern, waschen und mit ihm spazieren gehen.

Ich bin der Meinung, dass es auch Nachteile gibt. Für das Haustier muss man viel Geld ausgeben. Futter, Tierarzt usw. Man braucht auch viel Zeit, um sich um das Haustier zu kümmern. Nicht jeder hat leider solche Möglichkeit. Wenn man in den Urlaub fährt, muss man jemanden bitten, auf Ihr Haustier aufzupassen.

Meiner Ansicht nach gibt es natürlich mehr Vor- als Nachteile, deshalb würde ich jedem empfehlen, ein Haustier zu haben. Es ist immer wichtig, einen guten Freund zu haben und jemanden zu lieben.

Vielen Dank für Ihre Aufmerksamkeit. Wenn Sie Fragen hätten, würde ich diese gerne beantworten.

„Gesunde Lebensweise"
(Ist gesunde Lebensweise heutzutage populär?)

Sehr geehrte Damen und Herren,

ich begrüße Sie zu meiner Präsentation.

Ich möchte Ihnen heute das Thema „Gesunde Lebensweise" vorstellen.

Ich beginne mit meinen persönlichen Erfahrungen. Zunächst habe ich vor, über die Situation in meinem Heimatland zu erzählen. Danach nenne ich ein paar Vor-

und Nachteile und schließlich möchte ich meine Meinung zu diesem Thema äußern.

Was mich betrifft, bemühe ich mich gesunden Lebensstil zu führen. Ich treibe zweimal-dreimal pro Woche Sport und passe darauf, was ich esse. Ich finde es besonders wichtig täglich Obst und Gemüse zu essen, genug Wasser zu trinken und natürlich ausreichend zu schlafen. Außerdem folge ich einem Tagesplan, um täglich um dieselbe Uhrzeit zu essen und ins Bett zu gehen. Wenn man daran gewöhnt ist, ist es viel einfacher für unseren Körper.

In meinem Heimatland wird die gesunde Lebensweise immer populärer. Heutzutage gibt es einen Trend zum Sport und gesunder Ernährung. In Netzwerken wird dieses Thema häufig besprochen. Die Jugendlichen verbreiten die Informationen über Sportarten, Diäten usw. Das freut, dass unsere Generation versteht, dass unsere Gesundheit eigentlich die wichtigste Sache in unserem Leben ist. Es wäre wunderschön, wenn sich die nächsten Generationen dafür auch interessieren würden.

Der Hauptvorteil ist zweifellos, dass man an keine oder wenige Krankheiten leidet, wenn man sich die Mühe gibt, gesunde Lebensweise zu führen. Man sieht natürlich besser aus, wenn man Sport macht und normale Lebensmittel isst.

Zu den Vorteilen kann ich zählen, dass es ziemlich teuer sein kann, sich gesund zu ernähren. In der modernen Welt ist es oft unbezahlbar, gesunde Produkte zu kaufen. Viele sagen, dass nicht jeder sich leisten kann, ein Fitness-Studio zu besuchen aber es gibt immer Alternativen. In diesem Fall hängt es von jedem ab. Im Internet kann man viele Videos mit Übungen finden und zu Hause z. B. Yoga machen.

Ich bin der festen Überzeugung, dass jeder um seine Gesundheit kümmern muss. Es wäre toll, wenn diese Tendenz zunehmen würde. Ich glaube, dass es möglich ist, gesund zu bleiben aber dafür muss man sich Mühe geben.

Vielen Dank für Ihre Aufmerksamkeit. Wenn Sie Fragen hätten, würde ich diese gerne beantworten.

„Bücher lesen"
(Liest man heute?)

Sehr geehrte Damen und Herren,

ich begrüße Sie herzlich zu meiner Präsentation, in der ich Ihnen das Thema „Bücher lesen" vorstellen möchte.

Ich fange mit meinen persönlichen Erfahrungen an, danach berichte ich Ihnen von der Situation in meinem Heimatland. Danach würde ich gern auch einige Vor- und Nachteile nennen und am Ende meiner Präsentation möchte ich meine Meinung zu diesem Thema äußern.

Ich lese gern und bin der Meinung, dass es nicht nur ein entspannendes, sondern auch ein sehr nützliches Hobby ist. Ich versuche, monatlich ein Buch zu lesen, weil es mir Spaß macht. Nicht immer gelingt es mir, weil ich wenig Freizeit habe. Bevor habe ich Bücher in unserer Stadtbibliothek ausgeliehen aber jetzt kaufe ich Bücher im Internet, weil ich bevorzuge, gedruckte Bücher zu lesen.

In meinem Heimatland sind Bücher beliebt. Aber es muss berücksichtigt werden, dass es heutzutage mehrere

Möglichkeiten gibt, Bücher zu lesen. Einige kaufen Bücher online oder in einer Buchhandlung und die anderen lesen alles online. Es macht eigentlich keinen Unterschied, weil es am wichtigsten ist, dass die Bücher noch beliebt sind. Natürlich ziehen viele Menschen vor, im Internet zu surfen oder fernzusehen, statt ein Buch zu lesen. Trotzdem hoffe ich darauf, dass es noch Bücherwürme gibt.

Ich glaube, dass Bücher unser Gehirn leistungsfähig halten und die Allgemeinbildung erweitern. Außerdem wird beim Lesen der neue Wortschatz gelernt. Es ist wichtig, dass Bücher lesen unser Gedächtnis verbessert und analytische Fähigkeiten entwickelt. Ich denke, dass eine lesende Person ist kreativer als Nichtleser. Diese Vorteile können jeden überzeugen, Bücher zu lesen.

Trotz aller Vorteile gibt es auch einige negative Dinge. Mir ist Folgendes eingefallen: wer zu viel liest, hat später Probleme mit Sehen, deshalb müssen die Leseregeln befolgt werden. Heutzutage kann es übertrieben teuer sein, ein Buch zu kaufen. Die Bücher, die wirklich einen hohen Wert haben, kann man im Internet nicht einfach herunterladen oder sogar eine E-Book-Version finden.

Meiner Ansicht nach sind Bücher ein wichtiger Teil unseres Lebens. Ohne die wäre es unmöglich, zu lernen, zu studieren und sich zu entwickeln. Ich bin davon überzeugt, dass jeder von uns Zeit für ein Buch finden muss.

Vielen Dank für Ihre Aufmerksamkeit. Wenn Sie Fragen hätten, würde ich diese gerne beantworten.

„Sind soziale Netzwerke nützlich?"
(Warum verwenden wir soziale Netzwerke?)

Sehr geehrte Damen und Herren,

ich begrüße Sie ganz herzlich zu meiner heutigen Präsentation, in der ich Ihnen das Thema „Sind soziale Netzwerke nützlich" vorstellen möchte.

Zuerst habe ich vor, über meine persönlichen Erfahrungen zu berichten, danach beschreibe ich die Situation in meinem Heimatland, nenne ein Paar Vor- und Nachteile und schließlich möchte ich meine Meinung zu diesem Thema äußern.

Was mich betrifft, verwende ich mehrere soziale Netzwerke. Ich benutze sie, um mit meinen Freunden in Kontakt zu bleiben. Ich habe viele Bekannte und Freunde, die im Ausland leben, deshalb ist es die beste Möglichkeit für mich, sich mit ihnen zu unterhalten. Es ist schnell und günstig, ein paar Messages zu schreiben, wenn man etwas braucht oder einfach danach fragen möchte, ob alles gut geht.

In meinem Heimatland sind die sozialen Netzwerke besonders beliebt. Heutzutage ist es das Hauptkommunikationsmittel der Jugendlichen. Dort kann man nicht nur sich unterhalten, sondern auch verschiedene Dinge kaufen / verkaufen, Nachrichten lesen, Musik hören und Filme schauen. Außerdem sind die vielfältigen sozialen Netzwerke zu einer Plattform für die politische Diskussion geworden. Die Jugendlichen tauschen sich miteinander über ihre Ansichten und die politischen Vorlieben aus.

Ich glaube, dass man immer Vorteile und Nachteile finden kann. Zu den Vorteilen könnte ich zählen, dass man immer und überall erreichbar sein kann. In der modernen Welt hat man einen Internetzugang sowohl zu Hause, als auch in öffentlichen Einrichtungen. In jedem Cafe oder Restaurant gibt es WLAN, das angewendet sein kann. Einerseits gibt es eine Chance, ständig online zu sein, andererseits vergisst man über normale menschliche Kommunikation. Und das gehört meiner Meinung nach zu den größten Nachteilen. Die Menschen verlieren die Verbindung mit der Außenwelt und achten gar nicht darauf, was um sie herum passiert. Jeder kann sich an folgende Situation erinnern: Freunde verbringen die Zeit zusammen, weil sie geplant haben, etwas zu unternehmen, aber jeder benutzt sein Handy und sieht die anderen nicht. Außerdem sind soziale Netzwerke ein großer Zeitfresser. Es ist schwierig, sich zu kontrollieren und wenig Zeit in sozialen Netzwerken zu verbringen.

Ich bin der festen Überzeugung, dass soziale Netzwerke sowohl viele Vorteile als auch Nachteile haben. Meiner Auffassung nach wäre es viel besser, wenn Menschen auf sie verzichten könnten, um klassische Kommunikation zu haben.

Vielen Dank für Ihre Aufmerksamkeit. Wenn Sie Fragen hätten, würde ich diese gerne beantworten.

"Studium im Ausland"

(Wo möchten Sie studieren?)

Sehr geehrte Damen und Herren,

16

ich begrüße Sie zu meiner heutigen Präsentation „Studium im Ausland". In meiner Präsentation möchte ich Ihnen über meine persönlichen Erfahrungen erzählen, von der Situation in meinem Heimatland berichten, einige Vor- und Nachteile nennen und schließlich meine persönliche Meinung äußern.

Zuerst habe ich vor über meine persönlichen Erfahrungen zu erzählen. Ich habe in meinem Heimatland studiert und ich muss sagen, dass ich damals sogar keine Gedanken hatte ins Ausland umzuziehen und dort zu studieren. Ich war sicher, dass man auch zu Hause gute Ausbildung bekommen kann, wenn man das Verlangen hat. Ich habe einige Bekannte, die im Ausland studiert haben. Aber das ist schon nach dem Studium im Heimatland passiert. Sie wollten zusätzliche Kenntnisse und Erfahrungen bekommen, um später eine bessere Arbeitsstelle zu Hause oder im Ausland zu finden.

In meinem Heimatland gibt es heutzutage diesen Trend, im Ausland eine Ausbildung zu machen. Man denkt, dass es dort bessere Möglichkeiten gibt und dass die Qualität der Ausbildung höher ist. Ich kann das nicht negieren, weil ich persönlich keine Erfahrung damit habe. Trotzdem träumen viele Jugendlichen davon, im Ausland nicht nur zu studieren, sondern auch zu arbeiten. Die Minderheit hat Lust, mit ausländischer Ausbildung zurück nach Hause zu kommen und hier ihr Wissen zu benutzen.

Jetzt möchte ich Ihnen kurz über Vor- und Nachteile erzählen. Zu den Hauptvorteilen gehört die Möglichkeit, ein anderes Land kennenzulernen. Man erlernt eine fremde Sprache, lernt viele Menschen kennen und erweitert seine Kenntnisse. Nach dem Studium ist es möglich, eine

17

Arbeitsstelle zu finden und im Ausland zu bleiben. Ich glaube, dass es heute viele Jugendliche gibt, die davon träumen. Außerdem muss man hinzufügen, dass es in einigen Ländern billiger als im Heimatland ist, an der Universität zu studieren. Das spielt eine der wichtigsten Rollen für die Eltern, die die Ausbildung ihrer Kinder bezahlen müssen.

Aber meiner Auffassung nach gibt es auch einige Nachteile, die ich wesentlich finde. Zuerst ist es schwierig, in einem anderen Land ohne Familie und Freunde zu leben. Fremde Sprache, fremde Menschen und fremde Kultur können wirklich depressiv machen. Besonders, wenn die Sprache noch nicht beherrscht wurde. Ich finde es schwer, sich z. B. an Essen zu gewöhnen. Alles ist ganz anders und nicht jedem gelingt es, sich in dieser Situation wohlzufühlen.

Ich bin der Meinung, dass es nicht notwendig ist die Ausbildung im Ausland zu machen. Wenn man den Wunsch hat, kann man auch zu Hause ausgezeichnete Kenntnisse bekommen. Dafür muss man wirklich verantwortungsbewusst und diszipliniert sein. Ich denke, dass es toll wäre das Praktikum im Ausland zu machen, um neue Erfahrungen zu bekommen. Aber es gibt keine Notwendigkeit, an der Hochschule im Ausland zu studieren.

Vielen Dank für Ihre Aufmerksamkeit. Wenn Sie Fragen hätten, würde ich diese gerne beantworten.

"Soll man öffentliche Verkehrsmittel benutzen?"

Über das Thema „Verkehrsmittel" wird heute in den Massenmedien viel diskutiert. Immer wieder wird betont,

18

dass Verkehrsmittel sehr große Rolle in unserem Leben spielen. In meiner Präsentation möchte ich mich darum mit diesem Thema beschäftigen.

Zuerst will ich ein bisschen über die Struktur meines Vortrags erzählen. Meine Präsentation besteht aus folgenden Teilen: Zuerst werde ich über meine persönlichen Erfahrungen sprechen. Dann werde ich beschreiben, wie die Situation in meinem Heimatland ist. Danach werde ich die Vor- und Nachteile nennen, anschließend möchte ich meine Meinung dazu sagen. Und schließlich beantworte ich gerne Ihre Fragen.

Und nun zum eigentlichen Thema. Jeden Tag benutzen wir Autos, Straßenbahn, U-Bahn, Busse und andere Verkehrsmittel, weil wir nur auf diese Weise das Büro, die Schule oder die Universität erreichen können. Aber meiner Meinung nach sollten wir auch an die Umwelt denken. Busse und Autos sind schädlich für unsere Gesundheit, weil sie das Wasser und die Luft verschmutzen. Deshalb haben Menschen und Tiere viele Krankheiten. Ich persönlich gehe oft zu Fuß oder fahre mit dem Fahrrad, weil es umweltfreundlich und kostenlos ist. So spare ich Geld und schütze gleichzeitig die Natur. Natürlich, wenn ich zu weit gehen muss oder ins Ausland fahre, kann ich es nicht zu Fuß schaffen, dann muss ich Verkehrsmittel verwenden. Aber es macht mir Spaß, durch die Stadt zu Fuß zu gehen. So bleibe ich fit.

Im Vergleich zu Deutschland sieht die Situation in meiner Heimat so aus: unsere öffentlichen Verkehrsmittel sind nicht so qualitativ, praktisch und bequem, aber es gibt kaum irgendwelche Alternative. Manche Menschen benutzen PKWs, was ziemlich teuer ist.

Und jetzt will ich zu den Vor- und Nachteilen übergehen. Was die Vorteile betrifft, so sind hier folgende zu erwähnen: Normalerweise ist es günstig, mit den öffentlichen Verkehrsmitteln zu fahren. Wir sollen uns keine Gedanken darüber machen, wo wir unsere Autos parken müssen. Zu den Nachteilen gehören weitere: in meinem Land funktioniert das System nicht einwandfrei, deshalb muss manchmal ziemlich lange an der Haltestelle auf einen Bus / eine Straßenbahn warten. In meiner Stadt gibt es keine U-Bahn, was ich persönlich unbequem finde. Wenn ich öffentliche Verkehrsmittel nehme, muss ich ab und zu im Stau stehen.

Zusammenfassend kann man sagen, dass öffentliche Verkehrsmittel eine gute Alternative zu PKWs und es gewöhnlich umweltfreundlicher ist. Damit bin ich am Ende meines Vortrags. Vielen Dank für Ihre Aufmerksamkeit. Wenn Sie Fragen hätten, würde ich diese gerne beantworten.

"Umweltschutz"

Über das Thema „Umweltschutz" wird heute in den Massenmedien viel diskutiert. Immer wieder wird betont, dass die Natur und die Umwelt sehr große Rolle in unserem Leben spielen. In meiner Präsentation möchte ich mich darum mit diesem Thema beschäftigen.

Zuerst will ich ein bisschen über die Struktur meines Vortrags erzählen. Meine Präsentation besteht aus folgenden Teilen: Zuerst werde ich über meine persönlichen Erfahrungen sprechen. Dann werde ich beschreiben, wie die Situation in meinem Heimatland ist. Danach werde ich die Vor- und Nachteile nennen, anschließend möchte ich meine

Meinung dazu sagen. Und schließlich beantworte ich gerne Ihre Fragen.

Und nun zum eigentlichen Thema. Dieses Thema ist sehr aktuell, da der Umweltschutz heutzutage im Vordergrund steht. Unser Planet ist jetzt sehr verschmutzt und es ist so, weil wir viel Müll wegwerfen. Sehr schädlich und gefährlich ist meiner Meinung nach Plastikmüll. Wir sehen diesen Müll überall: auf den Straßen, auf den Mülldeponien, im Wasser (zum Beispiel in Flüssen, Seen und Ozeanen). Das Wasser, die Luft sind nicht mehr sauber, deshalb haben Menschen und Tiere viele Erkrankungen. Wir müssen unsere Erde vor dem Müll schützen. Was könnten wir tun? Wir könnten weniger Sachen produzieren und weniger konsumieren. Wir können weniger kaufen und wegwerfen. Und einige Dinge, wie zum Beispiel Papier und Glas, könnten wir recyceln, das heißt noch einmal benutzen. Es gibt eine ganze Menge von Maßnahmen, die wir treffen müssen, wenn wir unseren Planeten vor dem Niedergang retten wollen.

Im Vergleich zu Deutschland sieht die Situation in meiner Heimat so aus: es gibt nicht so viele Menschen, die sich Gedanken darüber machen, wie unser Planet aussehen wird, wenn wir keine richtige Entscheidung treffen, um dieses Problem zu bekämpfen. Und es ist sehr bedauerlich, da ich der Meinung bin, dass jeder es beeinflussen kann.

Und jetzt will ich zu den Vor- und Nachteilen übergehen. Was die Vorteile betrifft, so sind hier folgende zu erwähnen: Wir geben unseren Kindern die Chance, die Natur kennenzulernen und im Einklang mit ihr zu wohnen. Wenn wir unser Bestes tun werden, können wir die Artenvielfalt erhalten. Zu den Nachteilen gehören weitere:

21

Es ist in erster Linie ein andauernder und kostspieliger Prozess. Außerdem braucht die Menschheit das Engagement von jeder einzelnen Person. Und manche Maßnahmen können negativ die Wirtschaft beeinflussen.

Zusammenfassend kann man sagen, dass ich überzeugt bin, dass es soweit ist, zu handeln und nicht nur zu diskutieren. Damit bin ich am Ende meines Vortrags. Vielen Dank für Ihre Aufmerksamkeit. Wenn Sie Fragen hätten, würde ich diese gerne beantworten.

"Einkäufe im Internet?"

Über das Thema „Einkäufe im Internet" wird heute in den Massenmedien viel diskutiert. Immer wieder wird betont, dass Internet sehr große Rolle in unserem Leben spielen. In meiner Präsentation möchte ich mich darum mit diesem Thema beschäftigen.

Zuerst will ich ein bisschen über die Struktur meines Vortrags erzählen. Meine Präsentation besteht aus folgenden Teilen: Zuerst werde ich über meine persönlichen Erfahrungen sprechen. Dann werde ich beschreiben, wie die Situation in meinem Heimatland ist. Danach werde ich die Vor- und Nachteile nennen, anschließend möchte ich meine Meinung dazu sagen. Und schließlich beantworte ich gerne Ihre Fragen.

Und nun zum eigentlichen Thema. Jeden Tag nutzen wir Internet, um zu lernen oder studieren, um uns zu entspannen, um Freundschaften zu pflegen, um neue Kontakte zu knüpfen. Wenn wir unterwegs sind, vertreiben wir damit Zeit. Derzeit nutzen viele Menschen das Internet, um Einkäufe zu tätigen. Immer mehr Nutzer wenden sich mittlerweile den Einkäufen in verschiedenen Online-Shops zu. Sie stöbern stundenlang im Internet, um das beste Angebot, die einzigartigen Sachen zu finden und weil es einfach spannend sein kann.

Im Vergleich zu Deutschland sieht die Situation in meiner Heimat so aus: ich bin überzeugt, sowohl in Deutschland, als auch in der Ukraine kaufen viele Bürger bestimmte Waren lieber im Internet. Die meist getätigten Einkäufe sind zum Beispiel Haushaltsgeräte oder Klamotten.

Und jetzt will ich zu den Vor- und Nachteilen übergehen. Was die Vorteile betrifft, so sind hier folgende zu erwähnen: Normalerweise ist es viel günstiger, etwas im Internet zu kaufen. Wir haben eine bunte Vielfalt an Anbietern unterschiedlichster Artikel und deshalb können von zu Hause die Preise vergleichen und die Dinge von hoher Qualität finden. Außerdem gibt uns das Internet die Möglichkeit, etwas im Ausland zu kaufen, wenn der Anbieter auf unserem Markt nicht vorhanden ist. Zu den Nachteilen gehören weitere: natürlich haben wir keine Gelegenheit, die Kleidung anprobieren. Wir können uns auch nicht ganz sicher sein, ob die Qualität so gut ist, wie es auf Internetseite dargestellt ist. Es muss darauf hingewiesen werden, dass es manchmal ein paar Wochen dauern kann, wenn wir etwas im Ausland bestellen. In manchen Fällen müssen wir auch zusätzliche Steuern zahlen, was sehr ärgerlich ist.

Zusammenfassend kann man sagen, dass Einkäufe im Internet eine gute Alternative zu gewöhnlichen Einkäufen sind. Es ist in der Regel ziemlich günstig und spart uns die Zeit Damit bin ich am Ende meines Vortrags.

Vielen Dank für Ihre Aufmerksamkeit. Wenn Sie Fragen hätten, würde ich diese gerne beantworten.

„Schuluniform: pro oder kontra"

Sehr geehrte Damen und Herren,

ich begrüße Sie herzlich zu meiner heutigen Präsentation „Schuluniform: pro oder kontra". In meiner Präsentation möchte ich Ihnen über meine persönlichen Erfahrungen erzählen, über die Situation in meinem Heimatland berichten, Vor- und Nachteile nennen und am Ende habe ich vor, meine persönliche Meinung zu äußern. Wenn Sie fragen hätten, würde ich sie gern beantworten.

Das Thema „Schuluniform" wird heutzutage oft besprochen. Was mich betrifft, habe ich Schuluniform in meiner Schulzeit getragen. Und ich denke, dass es eigentlich sehr gute Idee ist, Schuluniform zu tragen. Ich erinnere mich daran, dass es gar keine Probleme mit der Schuluniform gab. Man musste nicht stundenlang überlegen, was zu tragen.

Wenn ich darüber nachdenke, wie die Situation in meinem Heimatland aussieht, kann ich sagen, dass es von jeder Schule abhängt, ob man Schuluniform tragen soll oder nein. Im Allgemeinen glaube ich, dass die Schuluniform nicht beliebt ist. Die meisten Schüler bevorzugen keine Uniform zu tragen.

Jetzt möchte ich über positive und negative Aspekte von der Schuluniform sprechen. Zuerst würde ich einige Vorteile nennen. Ich bin der festen Überzeugung, dass die Schuluniform eine gute Entscheidung ist. Es gibt keine

24

Notwendigkeit, täglich nach einem neuen Kleid zu suchen.
Es gibt eine Regel, die Uniform zu tragen, und das
vereinfacht unser Leben. Außerdem denke ich, dass man
Geld sparen könnte, weil es nicht notwendig ist, jeden Tag
etwas anderes zum Tragen auszuwählen. ich finde es
positiv, wenn alle Schüler gleiche Uniform haben und man
nicht verstehen kann, ob jemand einen höheren Status hat.
In der Schule muss man lernen, statt zu zeigen, wie cool
man ist. Es sieht auch schön aus, wenn Schüler ihre Schule
mit der schönen Uniform sozusagen präsentieren.

Aber es gibt natürlich auch Nachteile. Ich habe
mehrmals gehört, dass die Schuluniform sehr teuer ist.
Nebenbei kann es ziemlich unbequem sein, die gleiche
Uniform jahrelang zu tragen. Im Winter ist es kalt, im
Frühling heiß, aber man soll sie tragen, weil es die Regel
dieser Schule ist. Aber die Mehrheit beschwert sich darüber,
dass es gar keine Möglichkeit gibt, die Individualität zu
zeigen. Alle sehen gleich aus und es stört.

Ich bin der Auffassung, dass die Schuluniform
notwendig ist. Aber ich glaube, dass man nicht
irgendwelche besondere Uniform tragen soll, sondern
einfach klassische Kleidung. Vielleicht wäre es toll, wenn
alle schwarz-weiße Sachen tragen würden. Dann sehen sie
wie Schüler aus und haben die Chance, sich unterschiedlich
anzuziehen.

Damit möchte ich meine Präsentation beenden.
Wenn Sie Fragen hätten, würde ich sie gern beantworten.

Vielen Dank für Ihre Aufmerksamkeit.

25

„Freundschaften pflegen"

Sehr geehrte Damen und Herren,

ich begrüße Sie zu meiner heutigen Präsentation, in der ich Ihnen von dem Thema "Freundschaften pflegen" berichten möchte. Zuerst habe ich die Absicht, über meine persönlichen Erfahrungen zu erzählen, dann die Situation in meiner Heimat zu beschreiben. Außerdem habe ich vor, einige Vorteile und Nachteile zu nennen und am Ende meiner Präsentation möchte ich meine Meinung zu diesem Thema äußern.

Was mich persönlich betrifft, habe ich nur ein paar Freunde, mit denen ich mich ständig unterhalte, obwohl wir in verschiedenen Städten wohnen. Natürlich ist es oft schwierig, sich auf solche Weise zu kommunizieren, aber in der modernen Welt ist es möglich.

In meinem Heimatland spielt die Freundschaft die wichtige Rolle. Die Freunde werden Familienmitglieder, weil sie uns helfen und unterstützen. Der echte Freund wird hochgeschätzt, weil jeder Mensch jemanden braucht, mit dem er sein Glück und seinen Harm mitteilen könnte. Man verbringt zusammen viel Freizeit, beschäftigt sich mit gleichen Hobbys und unternimmt etwas Spannendes.

Wenn ich daran denke, welche Vorteile und Nachteile es gibt, kann ich sagen, dass es natürlich mehr positive Seiten gibt. Wie ich schon gesagt habe, braucht jeder einen guten Freund, um die Unterstützung zu bekommen, zusammen die Freizeit zu verbringen, und um

26

einen Ratschlag zu bitten usw. Aber man muss natürlich verstehen, dass die guten Beziehungen gegenseitig sein müssen. Man muss nicht nur unterstützt werden, sondern auch unterstützen, nicht nur zugehört werden, sondern auch zuhören. Dafür braucht man Geduld und Zeit. Heutzutage haben wir viele Möglichkeiten, sich mit anderen zu unterhalten. Aber ich glaube, dass es doch besser wäre, sich persönlich zu treffen, statt in Kontakt via soziale Netzwerke zu bleiben.

Es fällt mir schwer, die Nachteile zu nennen. Ich vermute, dass die Freundschaft viel Zeit braucht und nicht jeder extra Freizeit hat. Viele Menschen orientieren sich heute auf ihre Karriere und es gibt gar keine Chance, normale Kommunikation mit anderen zu haben. Das ist die Frage der Prioritäten.

Meiner Ansicht nach, spielt die Freundschaft eine sehr wichtige Rolle im Leben von jedem Menschen. Ohne Freunde wäre unser Leben langweilig. Wir müssen die Zeit für unsere Freunde finden, zuhören lernen und einander unterstützen.

Ich bedanke mich bei Ihnen für Ihre Aufmerksamkeit. Und wenn Sie fragen hätten, würde ich auf sie gerne antworten.

„Extreme Sportarten"

Sehr geehrte Damen und Herren,

27

ich begrüße Sie zu meiner heutigen Präsentation zum Thema „Extreme Sportarten". Zuerst möchte ich Ihnen über meine persönlichen Erfahrungen erzählen, danach von der Situation in meinem Heimatland berichten. Als nächstes habe ich vor, die Vorteile und Nachteile zu nennen und am Ende meiner Präsentation möchte ich auch meine persönliche Meinung zu diesem Thema äußern.

Ich fange mit meinen persönlichen Erfahrungen an. Ich persönlich habe noch nie extreme Sportarten ausprobiert. Ich finde es spannend, aber ich bin nicht sicher, dass ich das machen würde. Es ist nicht nur erschreckend, sondern auch kann ziemlich gefährlich sein.

In meinem Heimatland gibt es viele Möglichkeiten, extreme Sportarten auszuprobieren. Menschen, die sich dafür interessieren, können viele Gelegenheiten finden, etwas zu unternehmen. Obwohl ich daran nicht so interessiert bin, habe ich vor kurzem in einem Artikel über eine große Menge von extremen Sportarten gelesen. Ich war überrascht, dass die Anzahl so hoch ist.

Jetzt würde ich Ihnen über Vor- und Nachteile des Extremsports berichten. Ich habe mir kurz überlegt und einige Vorteile sind mir eingefallen. Ich glaube, die extremen Sportarten viel Spaß machen können. Manchmal sucht man nach dem Kick, um sich lebendig zu fühlen. Außerdem kann man etwas zusammen mit Freunden unternehmen und die Zeit toll verbringen.

Einerseits klingt das spannend, aber andererseits gibt es natürlich die Nachteile. Ich habe daran gedacht und glaube, dass die Gefahr der größte Nachteil ist. Einige Menschen streben nach der Ruhe, die anderen nach Gefahr.

Ich glaube, dass Sie mehrmals gehört haben, dass die extremen Sportarten nicht besonders gefährlich sind. Aber man kann täglich über schreckliche Folgen solcher Aktivitäten lesen/hören.

Ich bin der festen Überzeugung, dass es andere Wege gibt, sich zu entspannen. Ich verstehe, wenn Menschen sich dafür interessieren aber ich denke, dass man einen anderen Weg finden kann, die Zeit cool zu verbringen. Ich persönlich bevorzuge die Sicherheit.

Ich danke Ihnen für Ihre Aufmerksamkeit. Wenn Sie Fragen hätten, würde ich Sie gern beantworten.

„Wenn die Großeltern die Enkel erziehen"

Sehr geehrte Damen und Herren,

ich begrüße Sie zu meiner heutigen Präsentation zum Thema "Wenn die Großeltern die Enkel erziehen". In meiner Präsentation möchte ich Ihnen über meine persönlichen Erfahrungen erzählen, die Situation in meinem Heimatland beschreiben, einige Vor- und Nachteile nennen, meine Meinung äußern und am Ende, wenn Sie fragen hätten, würde ich sie gern beantworten.

Ich möchte mit meinen persönlichen Erfahrungen anfangen. Als ich noch Kind war, mussten meine Eltern viel arbeiten, um Geld zu verdienen. Wenn ich mich jetzt an meine Kindheit erinnere, verstehe ich, dass ich wirklich viel Zeit bei meinen Großeltern verbracht habe. Mein Großvater hat mich Vieles gelehrt. Mit 4 habe ich angefangen, Schach

29

zu spielen und zurzeit mache ich das noch gern. Mit meiner Großmutter haben wir zusammen gekocht und traditionelle Lieder gesungen.

Wenn ich mir kurz überlege, wie die Situation in meinem Heimatland aussieht, verstehe ich, dass es heutzutage auch sehr schwierig ist, ohne Großeltern die Kinder zu erziehen. Viele Eltern erfordern Hilfe von Großeltern, weil sie arbeiten müssen. Natürlich gibt es auch die Möglichkeit, Babysitter zu finden, aber nicht jeder kann es sich leisten.

Ich bin der Auffassung, dass es immer sowohl Vor-, als auch Nachteile gibt. Zuerst würde ich ein paar Vorteile nennen. Wenn die Kinder mit den Großeltern bleiben, können sich die Eltern keine Sorgen um Kinder machen. Sie sind sicher, dass ihre Kinder in zuverlässigen Händen sind. Es gibt keinen Stress und man kann ruhig arbeiten, ohne nachzudenken, dass etwas falsch laufen kann. Andererseits ist es nicht immer einfach für die Großeltern. Um sich auf die Kinder aufzupassen, braucht man viel Kraft und Geduld. Die Kinder benötigen viel Aufmerksamkeit, man muss sie unterhalten, lehren und natürlich erziehen. Außerdem gibt es oft Missverständnisse in dem Erziehungsbereich. Verschiedene Generationen haben unterschiedliche Vorstellungen davon, wie es richtig wäre, das Kind zu erziehen.

Ich bin der festen Überzeugung, dass es ohne Großeltern schwer wäre, auf die Kinder aufzupassen, weil man in der heutigen Welt wirklich viel Zeit für die Arbeit braucht. Aber gleichzeitig muss man beachten, dass Kinder genug Zeit mit ihren Eltern verbringen könnten. Ich bin der

Meinung, dass die Qualitätszeit mit den Kindern eine der wichtigsten Rollen spielt.

Ich bedanke mich bei Ihnen für Ihre Aufmerksamkeit. Wenn Sie Fragen hätten, dann wäre ich froh auf die zu antworten.

"Essen bestellen oder selbst kochen"

Sehr geehrte Damen und Herren,

ich begrüße Sie herzlich zu meiner heutigen Präsentation, in der es sich um das Thema "Essen bestellen oder selbst kochen" handelt. Zuerst möchte ich auf meine persönlichen Erfahrungen eingehen, danach die Situation in meinem Heimatland darstellen. Demnächst möchte ich einige Vor- und Nachteile nennen und am Ende meiner Präsentation würde ich meine Meinung äußern.

Ich persönlich bevorzuge, Essen selbst zu kochen, obwohl ich nicht so gern etwas zubereite. Es ist damit verbunden, dass ich weiß, welche Produkte ich verwende und ob dieses oder jenes Gericht gesund ist. Das spielt für mich eine sehr wichtige Rolle, weil ich mich um meine Gesundheit und die Gesundheit meiner Familie kümmere.

In meinem Heimatland ist die Situation nicht so eindeutig. Ich wohne in einer kleinen Stadt und Menschen bestellen das Essen sehr selten. Das Tempo des Lebens ist nicht so hoch wie in einer Großstadt. Außerdem verdient man nicht so viel, um sich zu leisten das Esses zu bestellen. Natürlich gibt es solche Möglichkeit aber man benutzt sie

31

nur wenn man zum Beispiel eine Party organisiert und Pizza bestellen will. In den Großstädten ist die Situation ganz anders. Zu viel Hektik. Die Menschen haben oft keine Zeit, etwas zu Hause zubereiten, weil die Fahrt zur Arbeit die ganze Ewigkeit dauert.

Nun möchte ich ein paar Vor- und Nachteile nennen. Ich glaube, dass jede von diesen Möglichkeiten sowohl positive, als auch negative Seiten hat. Wenn man selbst etwas kocht, weiß man genau, welche Lebensmittel man gebraucht. Wenn das Essen bestellt wird, gibt es keine Chance herauszufinden, wie hoch die Qualität ist. Andererseits braucht man viel Zeit, um etwas selbst zubereiten. Natürlich wäre es schneller einfach anzurufen und Lieferung zu bestellen. Es ist bekannt, dass es preiswerter ist, die Lebensmittel im Supermarkt oder auf dem Markt einzukaufen und zu Hause etwas zu kochen. Wenn man Lust hat, das Essen zu bestellen, muss man darauf vorbereitet sein, dass es ziemlich teuer ist.

Ich bin der festen Überzeugung, dass die beiden Möglichkeiten verwendet werden können. Jeder kann selbst die Entscheidung treffen, ob er etwas kochen oder bestellen möchte. Alles hängt von den Wünschen und Möglichkeiten von jedem Menschen ab. Ich glaube, dass es toll ist, manchmal etwas zu bestellen, um nicht nachzudenken, was man nach einer schwierigen Arbeitswoche essen wird.

Ich bedanke mich bei Ihnen für Ihre Aufmerksamkeit. Wenn Sie fragen hätten, würde ich sie gerne beantworten.

„Das Fernsehen als Zeitvertreib?"

Sehr geehrte Damen und Herren,

Ich begrüße Sie herzlich zu meiner heutigen Präsentation, in der es um das Thema „Das Fernsehen als Zeitvertreib" geht.

In dieser Präsentation würde ich Ihnen gern über meine persönlichen Erfahrungen erzählen, von der Situation in meinem Heimatland berichten, einige Vor- und Nachteile nennen und schließlich meine persönliche Ansicht zu diesem Thema äußern.

Immer wieder wird betont, dass das Fernsehen begonnen hat, in letzter Zeit unser Leben extrem stark zu beeinflussen. Was mich persönlich betrifft, stimme ich dem nicht zu. Wenn ich Freizeit habe, bevorzuge ich nicht fernzusehen. Diese Tätigkeit finde ich nutzlos und glaube, dass der Fernseher ein großer Zeitfresser ist. Natürlich habe ich manchmal Lust, mir eine interessante Sendung anzusehen, aber es fällt mir schwer, etwas zu finden, was mir gefallen würde.

Wenn ich daran denke, wie die Situation in meinem Heimatland ist, verstehe ich, dass der Fernseher nicht mehr so beliebt ist. Immer mehr Menschen ziehen vor, im Internet zu surfen und bestimmte Internetplattformen zu verwenden, um verschiedene Filme zu sehen. Die älteren Menschen greifen öfter zu der Fernbedienung und verbringen ein paar Stunden am Abend beim Fernsehen.

Und jetzt will ich zu den Vor- und Nachteilen übergehen. Was die Vorteile betrifft, so sind hier folgende zu erwähnen: das Fernsehen kann unter anderem ein gutes Informationsmittel sein, insbesondere für die Rentner, die keine Möglichkeit oder keinen Wunsch haben, diese Einzelheiten des Umgangs mit dem Internet zu verstehen. Das Fernsehen kann in manchen Situationen die Zuschauer von dem Stress befreien. Zu den Nachteilen gehören weitere: Es gibt zu viele Fake-Neuigkeiten im Fernsehen. Und es ist sehr schwer, dies zu überprüfen. Außerdem kann es zu den Problemen mit dem Sehvermögen führen.

Ich bin der Meinung, dass Nachteile Vorteile überwiegen, deshalb wäre es besser auf Fernsehen zu verzichten, um Ihre Zeit nicht zu verschwenden.

Zusammenfassend würde ich sagen, dass jeder sich selbst dafür entscheiden muss, wie er seine Freizeit verbringt.

Damit bin ich am Ende meines Vortrags. Vielen Dank für Ihre Aufmerksamkeit. Wenn Sie Fragen hätten, würde ich diese gerne beantworten.

„Brauchen die Schüler den Religionsunterricht?"

Sehr geehrte Damen und Herren,

ich begrüße Sie ganz herzlich zu meiner heutigen Präsentation, in der ich Ihnen das Thema „Brauchen die Schüler den Religionsunterricht?" vorstellen möchte.

Über das Thema „Religion" wird heute in den Massenmedien viel diskutiert. Immer wieder wird betont, dass Religion sehr große Rolle in unserem Leben spielt. In meiner Präsentation möchte ich mich darum mit diesem Thema beschäftigen.

Zuerst will ich ein bisschen über die Struktur meines Vortrags erzählen. Meine Präsentation besteht aus folgenden Teilen: zuerst würde ich über meine persönlichen Erfahrungen sprechen. Dann habe ich vor, die Situation in meinem Heimatland zu beschreiben. Danach werde ich die Vor- und Nachteile nennen und anschließend möchte ich meine Meinung dazu äußern. Schließlich beantworte ich gerne Ihre Fragen.

Und nun zum eigentlichen Thema. Ich bin der festen Überzeugung, dass es eine heikle Frage ist. Es gibt keine eindeutige Antwort, da alles von vielen Faktoren abhängig ist. Ich persönlich bin ziemlich skeptisch, denn Religion ist meiner Ansicht nach zurzeit ein mächtiges Mittel der Manipulation. Obwohl ich gläubig bin, besuche ich keinen Gottesdienst. Aber ich verstehe natürlich, dass einige Menschen ein solches Bedürfnis haben, die Kirche zu besuchen. Dennoch bin ich mir nicht sicher, ob der Religionsunterricht in der Schule eine gute Idee ist.

Im Vergleich zu Deutschland sieht die Situation in meiner Heimat so aus: Manche Menschen sind gläubig, andere glauben an Gott nicht. Aber ich habe noch nicht gehört, dass die Religion in meinem Land ein Schulfach sein müsste. Es ist mittlerweile kein Thema, das zur Diskussion steht.

Und jetzt will ich zu den Vor- und Nachteilen übergehen. Was die Vorteile betrifft, so sind hier folgende zu erwähnen: Ich verstehe, dass neue Kenntnisse, die dieses Fach bringen könnte, nützlich sind. Und ich bin der Meinung, dass Kinder die Wahl haben sollen. Und eben Kenntnisse geben uns viele Möglichkeiten. Aber ich bin mir nicht sicher, dass die Lehrer oder Lehrerinnen dieses Fach den Kindern kompetent beibringen werden. Zu den Nachteilen gehören weitere: in meinem Land funktioniert das Schulsystem nicht perfekt, deshalb habe ich Angst davor, dass dieses Fach für die Schüler und Schülerinnen einen zusätzlichen Stressfaktor sein wird.

Zusammenfassend kann man sagen, dass der Religionsunterricht ein schwieriger Diskussionsgegenstand ist. Damit bin ich am Ende meines Vortrags. Vielen Dank für Ihre Aufmerksamkeit. Wenn Sie Fragen hätten, würde ich diese gerne beantworten.

"Verleiht das Lernen mit einem Partner oder einer Partnerin mehr Motivation"

Sehr geehrte Damen und Herren,

ich begrüße Sie zu meiner heutigen Präsentation zum Thema "Verleiht das Lernen mit einem Partner oder einer Partnerin mehr Motivation".

Über das Thema „Lernen" wird heute viel diskutiert. Immer wieder wird betont, dass der Erwerb von neuen Kenntnissen sehr große Rolle in unserem Leben spielt. In meiner Präsentation möchte ich mich darum mit diesem Thema beschäftigen.

Zuerst will ich ein bisschen über die Struktur meines Vortrags erzählen. Meine Präsentation besteht aus folgenden Teilen: Zuerst werde ich über meine persönlichen Erfahrungen sprechen. Dann werde ich beschreiben, wie die Situation in meinem Heimatland ist. Danach werde ich die Vor- und Nachteile nennen, anschließend möchte ich meine Meinung dazu sagen. Und schließlich beantworte ich gerne Ihre Fragen.

Dieses Thema ist gegenwärtig sehr aktuell, da wir immer wieder versuchen, etwas zu erlernen und etwas Neues zu erfahren. Das lebenslange Lernen wird zum unmittelbaren Teil unseres Alltags. Und sogar, wenn wir sehr gut auf dem bestimmten Gebiet sind, bemühen wir uns, besser zu werden. Und jetzt haben wir vielfältige Varianten, wie man diesen Prozess optimieren könnte. Ich persönlich gebe mir Mühe, mich immer zu entwickeln. Aber ich kann nicht sagen, dass es für mich viel besser ist, mit jemandem etwas zusammen zu lernen. Normalerweise ziehe ich vor, allein etwas zu erlernen, weil ich auf solche Weise mich besser konzentrieren kann. Auf der anderen Seite ist es manchmal notwendig, damit jemand Sie zuhört und überprüft.

Im Vergleich zu Deutschland sieht die Situation in meiner Heimat so aus: es gibt nicht so viele Menschen, die sich Gedanken darüber machen, wie sie einen Lernpartner oder eine Lernpartnerin finden könnten und ob sie es überhaupt brauchen. Die meisten wenden den traditionellen Möglichkeiten zu: Kurse in den Kleingruppen oder Nachhilfestunden unter vier Augen. Manche Menschen sind zu schüchtern, um etwas in Anwesenheit von anderen zu lernen.

Und jetzt will ich zu den Vor- und Nachteilen übergehen. Zu den Vorteilen gehört, dass das Lernen mit einem Lernpartner oder einer Lernpartnerin die wunderbare Gelegenheit ist, eigene Ängste zu bekämpfen und mit Komplexen zurechtzukommen.

Ich vertrete den Standpunkt, dass ein Lernpartner bzw. eine Lernpartnerin für uns quasi das Spiegelbild sein könnte. Wenn dieser Partner besser geworden ist, dann kann es einem extra Motivation verleihen, die Inhalte nachzuholen. Aber natürlich gibt es hier auch eine Schattenseite. Zu den Nachteilen gehören weitere: oben beschriebene Tendenz ist nur denjenigen charakteristisch, die die Konkurrenz beim Lernprozess brauchen. Für andere kann es ziemlich stressig sein, anderen eigene Schwäche zu zeigen.

Zusammenfassend kann man sagen, dass es am wichtigsten ist, mit eigenen Zielen, Fähigkeiten und Fertigkeiten zu rechnen. Damit bin ich am Ende meines Vortrags. Vielen Dank für Ihre Aufmerksamkeit. Wenn Sie Fragen hätten, würde ich diese gerne beantworten.

"Ist die Markenkleidung wirklich besser?"

Sehr geehrte Damen und Herren,

ich begrüße Sie zu meiner Präsentation, in der ich Ihnen das Thema "Ist die Markenkleidung wirklich besser?" vorstellen möchte. Dieses Thema wird heute oft diskutiert, weil Kleidung nun eine wichtige Rolle in unserem Leben spielt.

Zuerst möchte ich Ihnen ein bisschen über die Struktur meines Vortrags erzählen. In meiner Präsentation würde ich gern über meine persönlichen Erfahrungen erzählen, dann werde ich beschreiben, wie die Situation in meinem Heimatland ist. Danach habe ich die Absicht, die Vor- und Nachteile zu nennen und anschließend möchte ich meine Meinung dazu sagen. Schließlich beantworte ich gerne Ihre Fragen, wenn Sie welche hätten.

Was mich persönlich betrifft, denke ich, dass die Rolle der Kleidung in unserem Leben überschätzt ist. Es ist doch verständlich, dass die Markenkleidung besser, qualitativer, angesehener und begehrter ist, trotzdem muss man verstehen, dass die meisten Menschen teure Kleidung kaufen, um ihr Status zu zeigen. Ich versuche Kleidung zu kaufen, die von hoher Qualität ist, aber ich verstehe, dass es nicht immer Markenkleidung sein muss.

In meinem Heimatland ist Durchschnittseinkommen nicht so hoch, deshalb können sich die meisten Menschen einfach nicht leisten, Markenkleidung zu kaufen, deswegen ist Massenmarktkleidung beliebter. Im Vergleich zu Deutschland sieht die Situation in meiner Heimat so aus: obzwar die Menschen in meinem Heimatland durchschnittlich ärmer sind, kaufen sie gerne das, was sie sich in der Tat nicht leisten können. Und es ist ein bedauerliches Merkmal. Wir sollten die Sparsamkeit der Deutschen ins Auge fassen und zu übernehmen.

Jetzt würde ich gern ich zu den Vor- und Nachteilen übergehen. Der erste Vorteil, der mit einfällt, ist natürlich die Qualität. Außerdem kann man sicher sein, dass nicht so viele Menschen solche Kleidung tragen. Zu den Nachteilen gehört Weiteres: wer die Markenkleidung kaufen will, muss

39

damit rechnen, dass sie normalerweise unglaublich teuer ist. Das ist meiner Meinung nach der größte Nachteil. Zusammenfassend kann man sagen, dass es viele günstigere Alternativen der Markenkleidung gibt, die manchmal sogar viel besser sind. Ich bin davon überzeugt, dass man oft für "den Namen" zahlt. Es hängt von Ihnen Zielen ab. Ich bin der Auffassung, dass es nicht notwendig ist, übertrieben teure Kleidung zu kaufen. Das ist meiner Ansicht nach einfach Geldverschwendung,

Damit bin ich am Ende meines Vortrags. Vielen Dank für Ihre Aufmerksamkeit. Wenn Sie Fragen hätten, würde ich diese gerne beantworten.

„Computer im Kindergarten"

Sehr geehrte Damen und Herren,

ich begrüße Sie herzlich zu meiner heutigen Präsentation, in der es darum geht, ob Kinder im Kindergarten einen Computer brauchen.

In meiner Präsentation möchte ich Ihnen über meine persönlichen Erfahrungen erzählen, von der Situation in meinem Heimatland berichten. Danach würde ich Ihnen ein paar Vor- und Nachteile nennen und schließlich meine persönliche Meinung zu diesem Thema äußern. Wenn Sie am Ende meiner Präsentation Fragen hätten, würde ich sie gern beantworten.

Was mich persönlich betrifft, gab es in meiner Kindheit keine Computer in Kindergärten. Und ich bin damit zufrieden, weil Kinder die Möglichkeit hatten, sich mit einander zu unterhalten, ohne mit dem Computer abgelenkt zu werden.

In meinem Heimatland gibt es meistens keine Computer in den Kindergärten. Vielleich haben einige welche aber solche Beispiele fallen mir nicht ein. Man bevorzugt, die Kinder zu lehren, ohne Computer zu benutzen. Wahrscheinlich sieht man manchmal Zeichentrickfilme oder irgendwelche Videos für Kinder aber das passiert nicht regelmäßig.

Wenn ich überlege, welche Vorteile der Computer für die Kinder im Kindergarten hat, kann ich nur sagen, dass es nützlich ist manchmal Videos oder Bilder zu zeigen, die helfen könnten, etwas zu erlernen. Auf keinen Fall muss man Computerspiele spielen, die, meiner Meinung nach, die Kinder nur stören würden. Zu den Nachteilen gehört natürlich die Ablenkung vom Lernprozess, von der Kommunikation und vom Spielen mit den anderen Kindern.

Ich bin davon überzeugt, dass es gar nicht notwendig ist, den Computer im Kindergarten zu verwenden. Ich glaube, dass die Kinder später die Möglichkeit haben werden, das Umgehen mit dem Computer später zu lernen. Im Kindergarten sollten Kinder sich kommunizieren, entspannen, Basics lernen usw., ohne den Computer anzuwenden.

Ich bedanke mich bei Ihnen für Ihre Aufmerksamkeit und beantworte gerne Ihre Fragen.

„Ohne das Auto leben"

Sehr geehrte Damen und Herren,

ich begrüße Sie zu meiner heutigen Präsentation, in der ich Ihnen das Thema „Ohne das Auto leben" vorstellen möchte.

41

Ich meiner Präsentation möchte ich Ihnen über meine persönlichen Erfahrungen erzählen, die Situation in meinem Heimatland beschreiben. Danach würde ich gerne ein paar Vor- und Nachteile nennen und schließlich meine Meinung zu diesem Thema äußern. Wenn Sie am Ende meiner Präsentation Fragen hätten, würde ich sie gern beantworten.

Zuerst möchte ich Ihnen kurz meine persönlichen Erfahrungen präsentieren. Was mich betrifft, habe ich kein Auto, obwohl ich meinen Führerschein vor 2 Jahren bekommen habe. Ich dachte immer, dass ich das Auto unbedingt fahren werde, aber jetzt verstehe ich, dass es gar nicht notwendig ist. Statt Auto kann ich entweder Fahrrad fahren, was ich sehr nützlich für die Gesundheit finde, entweder öffentliche Verkehrsmittel benutzen.

In meinem Heimatland ziehen die Menschen vor, mit den öffentlichen Verkehrsmitteln zu fahren, weil es häufig günstiger ist. Außerdem fangen immer mehr Menschen an, sich um die Umwelt zu kümmern.

Wenn ich überlege, welche Vorteile und Nachteil das Leben ohne Auto haben könnte, fallen mir verstehe ich, dass es eigentlich mehr Positives als Negatives gibt.

Zu den Vorteilen gehört, dass es umweltfreundlich ist, kein Auto zu verwenden. Gegenwärtig gibt es viele globale Probleme mit der Umwelt, die nicht so einfach zu lösen sind. Ich glaube, dass wenn wir auf die Autos verzichten könnten, wäre das ein positives Ergebnis.

Nebenbei sind nun viele Menschen in Büros tätig, deshalb bewegen sie sich ganz wenig. Wenn man kein Auto hat, geht man mehr zu Fuß, was die Gesundheit positiv beeinflusst.

Zu den Nachteilen gehört, dass man manchmal nicht so flexibel sein kann. Häufig kann man etwas schneller erreichen, wenn man mit einem Auto fährt. Das Auto gibt die Möglichkeit mit Komfort zu reisen. Wenn man in eine andere Stadt fährt, ist es günstiger mit dem Auto zu fahren als mit dem Bus. Man hat immer die Möglichkeit zu stoppen, etwas zu kaufen oder einfach sich kurz ausruhen.

Eigentlich gibt es noch mehrere Vorteile und Nachteile, die man nennen könnte, aber meiner Meinung nach hat das Leben ohne Auto mehr positive and negative Seiten. Ich bin der festen Überzeugung, dass es heute genug Alternativen für Auto gibt und die Menschen könnten sich auf Wagen verzichten.

Ich bedanke mich bei Ihnen für Ihre Aufmerksamkeit und würde gerne Ihre Fragen beantworten, wenn Sie welche haben.

Made in United States
North Haven, CT
06 April 2022